Proteger nuestro planeta

Océanos y ríos contaminados

Angela Royston

Heinemann Library
Chicago, Illinois

Customer Service 888-454-2279

Design: Joanna Hinton-Malivoire
Picture research: Melissa Allison, Fiona Orbell and Erica Martin
Production: Duncan Gilbert
Printed and bound in China by South China Printing Co. Ltd.
Translation into Spanish by DoubleO Publishing Services

12 11 10 09 08
10 9 8 7 6 5 4 3 2 1

ISBN-10: 1-4329-2017-0 (hc) -- ISBN-10: 1-4329-2023-5 (pb)
ISBN-13: 978-1-4329-2017-3 (hc) -- ISBN-13: 978-1-4329-2023-4 (pb)

Library of Congress Cataloging-in-Publication Data

Royston, Angela.
  [Oceans and rivers in danger. Spanish]
  Océanos y ríos contaminados / Angela Royston.
     p. cm. -- (Proteger nuestro planeta)
  Includes index.
  ISBN 978-1-4329-2017-3 (hardcover) -- ISBN 978-1-4329-2023-4 (pbk.)
  1. Aquatic biology--Juvenile literature. 2. Endangered ecosystems--Juvenile literature. I. Title.
  QH90.16.R6918 2008
  333.91'16--dc22
                          2008031516

Acknowledgements
The publishers would like to thank the following for permission to reproduce photographs: © Corbis pp.**5** (Christine Osborne), **10** (Richard Bickel); © Getty Images p.**22** (Photodisc); © NaturePL pp.**7** (David Hall), **8**, **14** (Jurgen Freund), **29** (Pete Oxford); © Panos pp.**21** (Chris Stowers), **28** (Martin Roemers), **16** (Rob Huibers); © Pearson Education Ltd p.**26** (Tudor Photography); © Photolibrary pp.**11** (Bruno Morandi), **23** (Cameron Davidson), **25** (D H Webster), **13** (Doug Perrine), **24** (Horst Von Irmer), **9** (Mark Hamblin), **17** (Mike Hill), **20** (Oxford Scientific), **12** (Pacific Stock), **27** (Preston Lyon), **18** (Roy Toft); © Still Pictures p.**15** (Andre Maslennikov).

Cover photograph of a rubbish tip by the coast reproduced with permission of © Getty Images (Raphael Van Butsele).

Contenido

Algunas palabras aparecen en negrita, **como éstas**. Puedes averiguar sus significados en el glosario.

¿Qué son los océanos y los ríos?

Los océanos son grandes extensiones de agua salada que cubren la mayor parte de la Tierra. Hay cinco océanos.

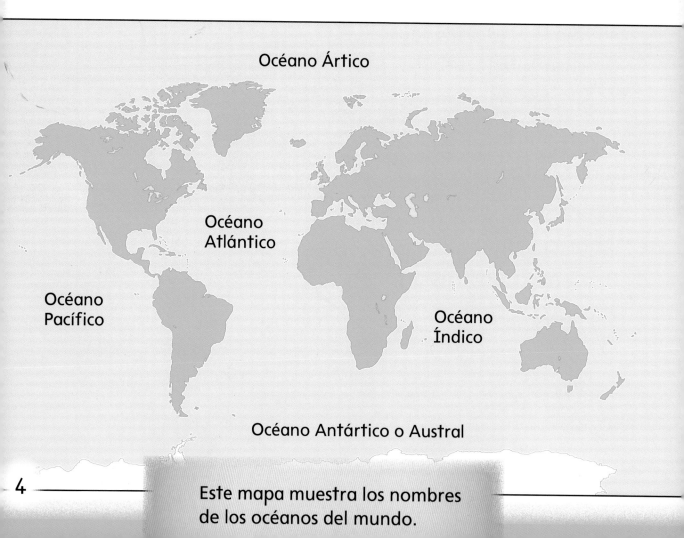

Océano Ártico

Océano Atlántico

Océano Pacífico

Océano Índico

Océano Antártico o Austral

Este mapa muestra los nombres de los océanos del mundo.

Los ríos son grandes corrientes de agua que fluyen por la tierra. Están formados por agua dulce, en lugar de agua salada.

Algunos océanos y ríos están en peligro. Están sucios porque las personas han volcado **desechos** en ellos.

Océanos vivientes

Muchas clases de animales y plantas viven en el océano. La mayoría vive en aguas poco profundas cerca de las **costas**. Muchos nadan cerca de la **superficie**.

ballena jorobada

atún

mejillón

cangrejo

calamar

algas

tiburón

tortuga verde

foca leopardo

Estos son sólo algunos de los animales y plantas que viven en el océano.

El agua que se encuentra cerca de la superficie del océano es la que recibe más luz. Algunos animales marinos viven en las profundidades, lejos de la superficie. Las partes más profundas del océano son muy oscuras.

Pesca

Las personas comen muchas clases de animales marinos. Comen pescado, **langosta** y otros **crustáceos**. La mayoría de los pescadores usa redes para atrapar peces. Los barcos pesqueros arrastran las redes detrás de ellos.

Estos pescadores están subiendo la red llena de pescado al barco pesquero.

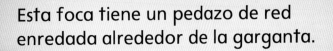
Esta foca tiene un pedazo de red enredada alrededor de la garganta.

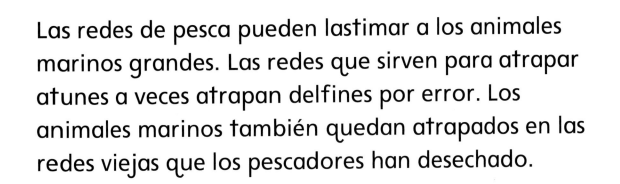

Las redes de pesca pueden lastimar a los animales marinos grandes. Las redes que sirven para atrapar atunes a veces atrapan delfines por error. Los animales marinos también quedan atrapados en las redes viejas que los pescadores han desechado.

Arrecifes de coral

Los **arrecifes de coral** son extensos cordones en el océano formados por **crustáceos** diminutos. Los crustáceos se llaman **pólipos de coral**. Los pólipos de coral demoran miles de años para acumularse en un arrecife.

pólipo de coral

Los pólipos de coral son animales diminutos que parecen flores.

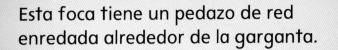

Esta foca tiene un pedazo de red enredada alrededor de la garganta.

Las redes de pesca pueden lastimar a los animales marinos grandes. Las redes que sirven para atrapar atunes a veces atrapan delfines por error. Los animales marinos también quedan atrapados en las redes viejas que los pescadores han desechado.

Sobrepesca

Los barcos pesqueros más grandes pueden atrapar enormes cantidades de peces. En algunos lugares quedan muy pocos peces porque ya han atrapado demasiados. Esto se conoce como **sobrepesca**.

Las redes de pesca atrapan muchos peces muy pequeños que no sirven como alimento.

Estos barcos no pueden usarse debido a la sobrepesca. Los pescadores tendrán que esperar hasta que haya más peces.

En algunos lugares, los países crean leyes que indican la cantidad que se puede atrapar de cada clase de peces. Esto significa que se atrapan menos peces. A veces, una clase de pez se vuelve tan rara que no se permite atraparla en absoluto.

11

Arrecifes de coral

Los **arrecifes de coral** son extensos cordones en el océano formados por **crustáceos** diminutos. Los crustáceos se llaman **pólipos de coral**. Los pólipos de coral demoran miles de años para acumularse en un arrecife.

pólipo de coral

Los pólipos de coral son animales diminutos que parecen flores.

Los arrecifes de coral se desarrollan en aguas cálidas y poco profundas.

Los arrecifes de coral son importantes. Muchas clases de peces y otros animales marinos viven alrededor de los arrecifes de coral. Los pescadores atrapan a algunos de los peces como alimento.

Daños a los arrecifes de coral

Los arrecifes de coral se dañan fácilmente. En algunos lugares las aguas con **desechos** de los hogares y las fábricas llegan hasta el océano. Estas aguas pueden contener sustancias venenosas. Los **pólipos de coral** pueden morir si estas sustancias llegan a alcanzar a los arrecifes.

Los turistas, a veces, dañan los arrecifes de coral cuando se les acercan demasiado.

En ocasiones, partes de un arrecife de coral pierden su color. Esto se conoce como **blanqueo**. El blanqueo se produce cuando el océano se calienta o enfría más de lo habitual. Si el cambio de temperatura dura demasiado, los pólipos de coral pueden morir.

Esto es coral blanqueado.

15

Contaminación en los océanos

En algunos lugares, el océano y la playa están **contaminados**. La **contaminación** puede deberse a desechos de fábricas o de **aguas negras**. También puede ser basura que tira la gente.

Parte de la basura que hay en esta playa fue arrastrada aquí por el océano.

El petróleo flota en el agua. Cuando se adhiere a las plumas de las aves, éstas no pueden volar.

La mayoría de las personas tienen cuidado de no contaminar el océano pero a veces hay accidentes que causan contaminación. De vez en cuando, los barcos que transportan **petróleo** naufragan. Entonces, el petróleo se derrama en el océano y contamina la **costa**.

17

¿Cómo se forman los ríos y los lagos?

Los ríos se forman con agua de lluvia. Cuando llueve, el agua fluye y desciende por colinas y montañas hasta los arroyos. Los arroyos se unen para formar un río.

Los ríos fluyen hacia lagos y océanos.

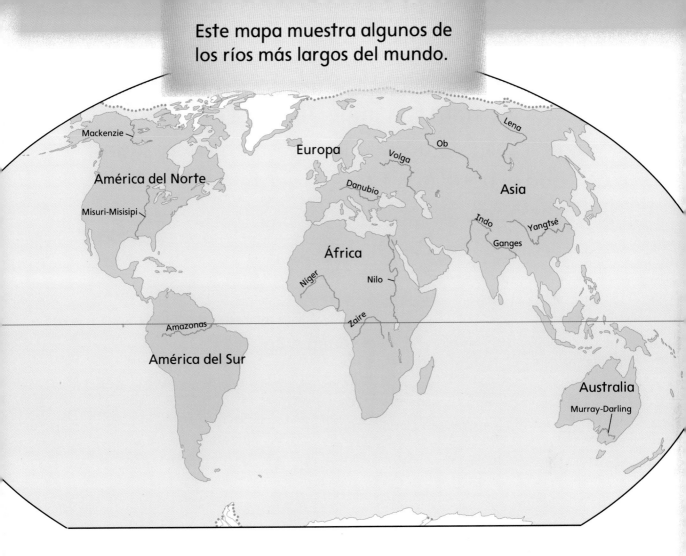

Este mapa muestra algunos de los ríos más largos del mundo.

Mackenzie

Lena

Ob

Volga

Europa

Danubio

América del Norte

Asia

Misuri-Misisipi

Indo

Yangtsé

Ganges

África

Níger

Nilo

Amazonas

Zaire

América del Sur

Australia

Murray-Darling

Los lagos también se forman con agua de lluvia.
Un lago se forma cuando el agua se acumula en un
hueco de la tierra. Los ríos y los lagos tienen agua
dulce, a diferencia de la del océano, que es salada.

Agua dulce

Los ríos y los lagos son importantes. Los peces y otros animales de agua dulce viven en ríos y lagos. Casi toda el agua dulce que la gente usa proviene de ríos y lagos.

Esta trucha marrón necesita vivir en agua dulce.

Esta agua dulce se usa para regar cultivos de arroz.

Los agricultores usan el agua dulce de los ríos y lagos para regar sus **cultivos**. El agua de los lagos se limpia y, después, se bombea por cañerías hasta las casas y los edificios.

Ríos contaminados

Algunos ríos están **contaminados**. Cuando eso ocurre, los peces y otros animales de río pueden morir. Algunos ríos están contaminados porque los **desechos** de las fábricas se vuelcan en ellos.

Los peces de este río han muerto por la contaminación.

Algunos ríos se contaminan con **productos químicos** que usan los agricultores. Estos productos químicos hacen que los **cultivos** crezcan mejor pero parte de los productos químicos corre hasta los arroyos y ríos.

Esta agua está contaminada con los productos químicos de los campos cultivados.

Agua en extinción

Muchos ríos y lagos tienen mucha menos agua que antes. Algunos ríos se secan por completo durante parte del año.

Este río está casi completamente seco.

El agua de este lago antes cubría el lodo.

Algunos ríos y lagos se están secando porque la gente extrae demasiada agua de ellos. Otros ríos se están secando porque llueve menos que antes.

Ahorrar agua

Muchas personas malgastan el agua que usan en sus casas y jardines. La gente puede ahorrar agua para ayudar a que los lagos y ríos dejen de secarse.

Regar las plantas con una regadera gasta menos agua que una manguera.

La gente puede ahorrar agua de muchas maneras. Usar un balde de agua para lavar el auto gasta menos agua que usar una manguera. La gente también puede ahorrar agua tomando una ducha en lugar de un baño.

Proteger nuestras aguas

Muchos países han aprobado leyes para proteger océanos, ríos y lagos. Estas leyes impiden que las fábricas bombeen **desechos** al agua.

Este científico está revisando el agua para ver su grado de limpieza.

Algunos ríos que estaban sucios ahora están limpios de nuevo. Los peces y otros animales de río vuelven a vivir en los ríos limpios.

Las plantas, los animales y las personas necesitan agua para vivir. Todos debemos proteger las aguas de la Tierra.

29

Glosario

aguas negras desechos eliminados por los inodoros

arrecife de coral cordón de coral duro formado por las conchas de los pólipos de coral

blanqueo cuando algo pierde el color y se vuelve blanco

contaminación suciedad, gases de desecho o desechos químicos

contaminado que está sucio por desechos

costa zona donde comienza el océano y termina la tierra

crustáceo clase de animal que vive en el agua y que tiene un caparazón duro alrededor del cuerpo

cultivos plantas sembradas por los agricultores para su venta o uso

desechos cosas que se eliminan porque ya no se necesitan

langosta crustáceo grande que la gente atrapa y come

petróleo líquido que se encuentra principalmente debajo del subsuelo. El petróleo se usa para producir combustible para los vehículos y para generar electricidad.

pólipo de coral crustáceo diminuto que crece con otros en grandes cantidades para formar un arrecife de coral

producto químico sustancia a partir de la cual se forman cosas

sobrepesca cuando las personas atrapan más peces de los que pueden ser reemplazados por peces nuevos y jóvenes

superficie parte externa o superior de algo

Descubre más

Libros para leer

Burnham, Kay. *Save Water*. New York: Crabtree Publishing, 2007.

Fix, Alexandra. *Water*. Chicago: Heinemann Library, 2007.

Grindley, Sally. *La playa de Pedro*. Juventud, 2003.

Sitios Web para visitar

www.epa.gov/kids/water.htm
Este sitio Web fue creado por la Agencia de Protección Ambiental de los EE.UU. Se ocupa del agua y los efectos de la contaminación.

www.water-ed.org/kids.asp
Este sitio Web trata sobre el agua y cómo se contamina.

Índice